Como Cristo es mi Ejemplo

Un camino diario en la fe con Cristo

Jan Keegan

Todas las escrituras usadas en estos escritos son de la Nueva Norma Revisada Versión de la Biblia.

Ilustración de arte y diseño de Heather H. Hatheway

Impreso en los Estados Unidos de América

ISBN 979-8-89114-000-4 (sc)
ISBN 979-8-89114-001-1 (e)

Library of Congress Control Number: 2023912628

2023.07.17

MainSpring Books
5901 W. Century Blvd
Suite 750
Los Angeles, CA, US, 90045

www.mainspringbooks.com

"En él estaba la vida, y la vida era la luz de los hombres. La luz en las tinieblas resplandece, y las tinieblas no prevalecieron contra ella."

—Juan 1: 3b-5 NVI

Para mi abuela,
Charlotte Morris

TABLE OF CONTENTS

PRÓLOGO

El propósito de este libro es ayudarnos a comprender mejor las enseñanzas de Cristo y a entender el tipo de vida que vivió mientras estuvo aquí en la tierra. Su vida y enseñanzas están escritas en los cuatro evangelios de la Biblia: Mateo, Marcos, Lucas y Juan. En estos libros, Cristo dio ejemplos, ya sea en sus enseñanzas o en sus actividades diarias, de cómo debemos vivir nuestras vidas como sus seguidores. Ser capaces de aprender y comprender estos ejemplos debería ayudarnos en nuestro esfuerzo por vivir y crecer en nuestra fe cristiana.

En la contraportada del libro se incluye una guía didáctica para orientar y guiar a quienes deseen utilizar el libro para enseñar a otros acerca de Cristo. La guía debe ser fácil de entender y muy útil a la hora de elaborar planes de lecciones para enseñar el libro.

LA LUZ DEL MUNDO

La portada presenta a sus espectadores un camino por el que se puede caminar con Cristo en la fe a diario. Algunas partes de nuestro camino son oscuras, al igual que podemos experimentar la oscuridad en nuestras vidas. Pero, mientras seguimos buscando la luz, nuestro Señor y Salvador, Jesucristo, que es la luz del mundo, entra y alumbra nuestro camino, rodeándonos de su plenitud, gracia, amor, misericordia y compasión. Cristo nuestro Señor dijo: "......Yo soy la luz del mundo. El que me sigue no andará en oscuridad, sino que tendrá la luz de la vida.". Juan 8:12 NVI.

ESCRITURA BÍBLICA

"De su plenitud todos recibimos gracia sobre gracia." Juan 1:16 NVI

Cristo, nuestro Señor, dijo, "Les he puesto el ejemplo, para que hagan lo mismo que yo he hecho con ustedes." Juan 13:15 NVI

Cristo, nuestro Señor, dijo, "Les aseguro que el que cree en mí también hará las obras que yo hago…." Juan 14:12a NVI

Cristo, nuestro Señor, dijo, "yo he venido para que tengan vida, y para que la tengan en abundancia." Juan 10:10b NVI

Pedro, apóstol de Cristo, dijo, "Para esto fueron llamados, porque Cristo sufrió por ustedes y les ha dado ejemplo para que sigan sus pasos." 1 Pedro 2:21 NVI

"Lo único que sé es que yo era ciego y ahora veo." Juan 9:25b NVI

Día 1 ORACIÓN

Como Cristo es mi ejemplo,

Me levantaré temprano e iré a un lugar tranquilo. Allí pasaré tiempo con el Padre, orando y meditando, escuchando Su palabra y dirección. Marcos 1:35 NVI dice: "Muy de madrugada, cuando todavía estaba oscuro, Jesús se levantó, salió de la casa y se fue a un lugar solitario donde se puso a orar." Cristo, nuestro Señor, comenzó Su día levantándose temprano, yendo a un lugar tranquilo y orando al Padre. Como Cristo es mi ejemplo, yo también me levantaré temprano y comenzaré mi día orando al Padre.

Día 2 DESCANSO

Como Cristo es mi ejemplo,

me iré a un lugar desierto y descansaré. Estaré solo, dando descanso a mi mente y a mi cuerpo de las tensiones y los retos a los que me enfrento. Cristo, nuestro Señor, dijo a sus apóstoles: "Vengan conmigo ustedes solos a un lugar tranquilo y descansen un poco." Marcos 6:31b NVI. Y en Juan 4:6 está escrito "...Jesús, fatigado del camino, se sentó junto al pozo." Cristo sabía lo que significaba estar cansado y estresado. Sabía que el descanso era importante para poder funcionar y llevar a cabo Su servicio aquí en la tierra. Como Cristo es mi ejemplo, me alejaré del estrés de la vida y descansaré mi cuerpo y mi mente.

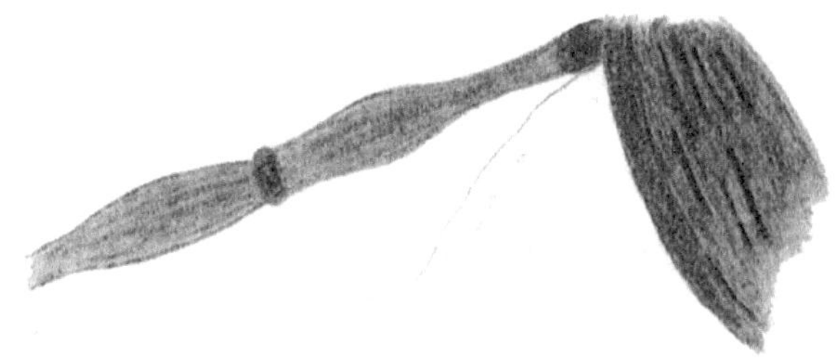

Día 3 SERVICIO

Como Cristo es mi ejemplo,

serviré a mi prójimo todos los días de mi vida en la medida de mis posibilidades físicas, mentales y espirituales. Cristo, nuestro Señor, dijo: "así como el Hijo del hombre no vino para que le sirvan, sino para servir....". Mateo 20:28a NVI. Cristo sirvió a los demás a lo largo de su vida en la tierra. Lavó los pies de los discípulos. Alimentó a miles de personas con pan y comida. Consoló a los cansados y agobiados. Como Cristo es mi ejemplo, serviré a los demás en cualquier capacidad de la que sea capaz, ya sea proporcionando pan a mi prójimo, dando consuelo a los afligidos o mostrando amor a mi prójimo. Como Cristo es mi ejemplo, serviré a mis semejantes.

Día 4 HUMILDAD

Como Cristo es mi ejemplo,

me humillaré en mis relaciones con los demás. Cristo, nuestro Señor, dijo: "Carguen con mi yugo y aprendan de mí, pues yo soy apacible y humilde de corazón....". Mateo 11:29 a. NVI. A lo largo de su vida, Cristo dio ejemplo de su espíritu humilde al elegir cenar con los recaudadores de impuestos y los pecadores, curar a los enfermos y discapacitados, alimentar a los hambrientos y consolar a los pobres. Me esforzaré por acabar con mi actitud farisaica y orgullosa, tratando de no juzgar ni criticar, humillándome, como Cristo es mi ejemplo.

Día 5 PERDÓN

Como Cristo es mi ejemplo,

me esforzaré por perdonar a los demás cuando me hagan daño y me causen dolor y sufrimiento. Cristo, nuestro Señor, dijo mientras colgaba de la cruz: "Padre, perdónalos, porque no saben lo que hacen....". Lucas 23:34 NVI. Cristo enseñó el perdón durante Su ministerio porque sabía que los malos sentimientos hacia los demás interferirían con la unidad que se necesita entre los cristianos para hacer la obra de Cristo aquí en la tierra. En una de Sus enseñanzas, le preguntaron a Cristo acerca del perdón a un hermano y Él dijo "…. No te digo hasta siete, sino aun hasta setenta veces siete." Mateo 18:22 NVI; enfatizando la necesidad de un corazón perdonador. Cristo derramó su sangre para el perdón de nuestros pecados. Aprender a perdonar es un proceso difícil de desarrollar. El perdón de otro o en toma el poder de Cristo que trabaja a través de nosotros

para ayudar a perdonar a otro. Puede que tengamos que pedir la ayuda de Cristo cuando perdonemos a alguien que nos ha hecho daño. Como Cristo es mi ejemplo, me esforzaré por perdonar a los demás.

Día 6 TENTACIÓN

Como Cristo es mi ejemplo,

Usaré la Palabra de Dios para superar las muchas tentaciones que enfrento diariamente. Cuando mis pensamientos se detengan en una idea que sé que es errónea, citaré un versículo de la Biblia para impedir que continúe ese proceso de pensamiento. Mateo 4:3-4 NVI dice: "El tentador se acercó y le propuso:,—Si eres el Hijo de Dios, ordena a estas piedras que se conviertan en pan." Pero Cristo respondió: "Escrito está: No solo de pan vivirá el hombre, sino de toda palabra que sale de la boca de Dios." Cristo estaba citando al tentador una escritura escrita varios cientos de años antes de que Cristo naciera, de Deuteronomio 8:3b NVI. Me entrenaré con versículos bíblicos cuando me sienta tentado para poder decir un versículo que dirija mis pensamientos lejos de la tentación, como Cristo es mi ejemplo.

Día 7 COMPASIÓN

Como Cristo es mi ejemplo,

tendré compasión de los que sufren física, mental o espiritualmente. Cuando Cristo, nuestro Señor, vio a las multitudes, "tuvo compasión de ellas; porque estaban desamparadas y dispersas como ovejas que no tienen pastor." Mateo 9:36b NVI. A lo largo de Su ministerio, Cristo estuvo ministrando a multitudes de personas a través de Su enseñanza y sanación, mostrando compasión a aquellos que estaban sufriendo. Como Cristo es mi ejemplo, tendré compasión por los que sufren y están angustiados.

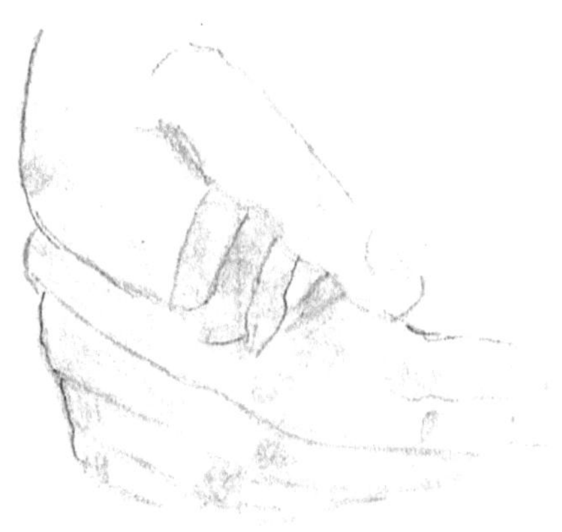

Día 8 AMOR

Como Cristo es mi ejemplo,

amaré a mis semejantes. Cristo, nuestro Señor, dijo: "Y este es mi mandamiento: que se amen los unos a los otros como yo los he amado." Juan 15:12 NVI. Cristo mostró Su amor a la humanidad a lo largo de Su vida, así como en Su muerte y resurrección. La profundidad de Su amor ha sobrevivido a través de los cientos de años y puede sentirse hoy cuando uno estudia Su vida y ministerio mientras estuvo aquí en la tierra. Como Cristo es mi ejemplo, amaré a mis semejantes.

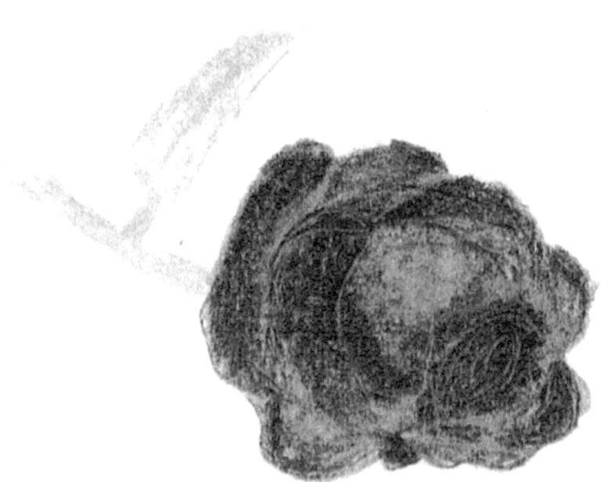

Día 9 MISERICORDIA

Como Cristo es mi ejemplo

mostraré misericordia a mis semejantes. Cristo, nuestro Señor, dijo: "Vete a tu casa, a los de tu familia, y diles todo lo que el Señor ha hecho por ti y cómo te ha tenido compasión" Marcos 5:19b NVI. Cristo mostró misericordia a sus semejantes cuando caminó sobre la tierra, enseñando y sanando a muchos. Una y otra vez, en Su interacción con los individuos, mostró misericordia, amor y compasión, perdonando a aquellos que eran hirientes y rencorosos con Él. Él nos instruyó a hacer lo mismo. Como Cristo es mi ejemplo, mostraré misericordia a mis semejantes.

Día 10 ADORACIÓN

Como Cristo es mi ejemplo,

asistiré a la iglesia en sábado. Lucas 4:16b dice que Cristo, nuestro Señor "y un sábado entró en la sinagoga, como era su costumbre". Cristo fue a la sinagoga para adorar a Dios. Él sabía que a través de la adoración, se acercaría más a Dios. A través de la adoración, aprendemos y crecemos como cristianos. Orar, cantar, alabar o escuchar un sermón nos acerca a Dios y a los demás. La adoración ayuda a unificar nuestras creencias y objetivos comunes para que podamos hacer la obra de Cristo aquí en la tierra. Como Cristo es mi ejemplo, asistiré a la iglesia el sábado para adorar a Dios.

Día 11 PERSECUCIÓN

Como Cristo es mi ejemplo,

sufriré persecución por mi fe en Cristo. Cristo, nuestro Señor dijo: "Dichosos los perseguidos por causa de la justicia, porque el reino de los cielos les pertenece." Mateo 5:10 NVI. Cristo fue perseguido durante toda su vida de ministerio por decir la verdad, ir en contra del modo de pensar popular, hacer la voluntad de su Padre. Como Cristo es mi ejemplo, seré perseguido por mi creencia y fe en Cristo.

Día 12 GENTILEZA

Como Cristo es mi ejemplo,

seré manso en mi trato con los demás. Cristo se describe a sí mismo como una persona "apacible y humilde de corazón,". Mateo 11:29b NVI. Sabemos por el estudio de Su vida, y, por Su propia descripción, que Cristo era un hombre gentil. Rara vez una reacción dura o grosera. Rara vez una respuesta o contestación crítica o impaciente. Como Cristo es mi ejemplo, seré gentil en mi trato con los demás.

Día 13 TOMA MI CRUZ

Como Cristo es mi ejemplo,

me esforzaré por tomar mi cruz cada día. Cristo, nuestro Señor, dijo: "Si alguien quiere ser mi discípulo, que se niegue a sí mismo, tome su cruz cada día y me siga." Lucas 9:23 NVI. Cristo tomó Su cruz en el calvario por nosotros, para salvarnos de nuestros pecados y darnos una nueva vida en Él. Él sabía que, si queríamos ser sus seguidores, tendríamos que negarnos a nosotros mismos nuestros propios deseos y seguir sus enseñanzas. Como Cristo es mi ejemplo, me esforzaré por tomar mi cruz cada día, negándome a mí mismo y a mis propios deseos, para convertirme en su seguidor y seguirle todos los días de mi vida.

Día 14 LA PALABRA DE DIOS

Como Cristo es mi ejemplo,

leeré la Palabra de Dios aumentando mi conocimiento de Dios, a través de Su palabra escrita, la Santa Biblia. Cristo, nuestro Señor, "Se levantó para hacer la lectura se levantó para leer, y le entregaron el libro del profeta Isaías. Al desenrollarlo, encontró el lugar donde estaba escrito....". Lucas 4:16b -17 NVI. A lo largo de Su ministerio, Cristo citó el Antiguo Testamento de la Biblia para ayudarse en Sus enseñanzas. Para poder citar las escrituras, Cristo tenía que ser conocedor de la Palabra de Dios. En Lucas 24: 44b-45 NVI, Cristo dijo.... "tenía que cumplirse todo lo que está escrito acerca de mí en la Ley de Moisés, en los Profetas y en los Salmos. Entonces les abrió el entendimiento para que comprendieran las Escrituras..." Como Cristo es mi ejemplo, leeré la Palabra de Dios, la Santa Biblia, y aumentar mi conocimiento de Dios mediante el estudio de sus escritos

Día 15 AMOR A LA NATURALEZA

Como Cristo es mi ejemplo,

amaré y respetaré la naturaleza en mi vida diaria. Cristo, nuestro Señor, dijo: "Observen cómo crecen los lirios del campo. No trabajan ni hilan; sin embargo, les digo que ni siquiera Salomón, con todo su esplendor, se vestía como uno de ellos." Mateo 6:28b 29 NVI. A lo largo de sus enseñanzas, Cristo se refirió a la naturaleza, hablando de las aves del cielo, utilizando la cosecha del trigo, describiendo la siembra de la semilla, utilizando la tierra y las rocas en sus parábolas. Habló del tiempo, en un caso, y calmó la tempestad en otro. Cristo pasó tiempo cerca del mar de Galilea y en los prados y colinas que lo rodeaban. Era consciente de la naturaleza y la utilizaba en sus enseñanzas. Como Cristo es mi ejemplo, amaré y respetaré la naturaleza en mi vida diaria.

Día 16 LA VOLUNTAD DE DIOS

Como Cristo es mi ejemplo,

me esforzaré por hacer la voluntad de Dios en mi vida diaria. Cristo, nuestro Señor, dijo: "pues no busco hacer mi propia voluntad, sino cumplir la voluntad del que me envió." Juan 5:30b NVI. Así como Cristo siguió la voluntad de Dios a lo largo de su vida, así yo trataré de aprender cuál es la voluntad de Dios para mi vida y buscaré hacer Su voluntad en todo lo que haga. A veces nos preguntamos: "¿Cómo puedo saber cuál es la voluntad de Dios para mí?". Podemos aprender la voluntad de Dios para nosotros aprendiendo los caminos de Dios descritos en la Biblia, aprendiendo los mandamientos de Dios y orando a Dios, escuchando su vocecita para que nos dé dirección en nuestras vidas. Como Cristo es mi ejemplo, me esforzaré por hacer la voluntad de Cristo en mi vida.

Día 17 GLORIFICANDO A DIOS

Como Cristo es mi ejemplo,

me esforzaré por glorificar a Dios con mi vida. Tomaré mis decisiones basándome en glorificar a Dios. Cristo, nuestro Señor, dijo en Su oración a Dios: "Yo te he glorificado en la tierra y he llevado a cabo la obra que me encomendaste." Juan 17:4 NVI. lo largo de Su vida, en todos los diferentes aspectos de Sus obras, ya sea enseñando, predicando o sanando; Cristo glorificó a Dios en todo lo que hizo. Glorificar a Dios es el mayor deseo que Dios tiene de nosotros. Exaltar Su nombre, mantenerlo en lo más alto, ponerlo en primer lugar; esto es glorificar a Dios. Como Cristo es mi ejemplo, me esforzaré por glorificar a Dios en todo lo que haga.

Día 18 NATURALEZA HUMANA

Como Cristo es mi ejemplo,

seré consciente de la naturaleza humana, dándome cuenta de que yo también soy humano con todas las debilidades que tienen los humanos. Cristo, nuestro Señor, dijo "....cuando los odien, cuando los discriminen, los insulten y los desprestigien…" Lucas 6:22 NVI. En otro caso, Cristo nuestro Señor, dijo "Porque de adentro, del corazón humano, salen los malos pensamientos" Marcos 7:21a NVI. Cristo conocía la mente y corazón de la persona, y los pensamientos y acciones naturales de la persona en todo tipo de situaciones. En Juan 2: 24-25 NVI, la escritura dice: "En cambio, Jesús no confiaba en ellos porque los conocía a todos; no necesitaba que nadie le informara acerca de los demás, pues él conocía el interior del ser humano." de eso se trataba Su ministerio, de ayudarnos a superar nuestras debilidades humanas y vivir una vida como la de Cristo aquí en la tierra, siguiendo Su ejemplo. Como Cristo es mi ejemplo,

me esforzaré por conocerme a mí mismo y reconocer mis debilidades, de modo que pueda usar Su ejemplo y enseñanzas para superar mis debilidades y vivir una vida que sea agradable a Él.

Día 19 PONER LA OTRA MEJILLA

Como Cristo es mi ejemplo,

me esforzaré por poner la otra mejilla cuando sea herido por otro. Cristo, nuestro Señor, dijo: "No resistan al que les haga mal. Si alguien te da una bofetada en la mejilla derecha, vuélvele también la otra." Mateo 5:39 NVI. Cristo demostró esta acción durante su juicio antes de su crucifixión, cuando tuvo la oportunidad de responder y rebatir a sus acusadores. Puso la otra mejilla respondiendo a la agresión con sumisión haciendo que el juez principal dijera: "....sin encontrar que sea culpable... Lucas 23:14b NVI". Cristo sabía que mostrar resistencia a un malhechor aumentaría la ira del que golpeaba la mejilla. Como Cristo es mi ejemplo, me esforzaré por poner la otra mejilla cuando sea herido o confrontado por otro.

Día 20 SABIDURÍA

Como Cristo es mi ejemplo,

trataré de desarrollar y practicar la sabiduría en mi caminar diario con Dios. Cristo, nuestro Señor, dijo: "¡Presten atención! Yo los envío como ovejas en medio de lobos. Por tanto, sean astutos como serpientes y sencillos como palomas." Mateo 10:16 NVI. Cristo sabía que la sabiduría le da a uno la capacidad de hacer buenos juicios al tomar el tipo de decisiones que son necesarias para vivir la vida cristiana. La sabiduría de las enseñanzas de Cristo ha sido ilustrada a través de las vidas de Sus seguidores a través de los años. Como Cristo es mi ejemplo, trataré de desarrollar y practicar la sabiduría en mi caminar diario con Dios.

Día 21 TRABAJO

Como Cristo es mi ejemplo,

me esforzaré por trabajar para Cristo siempre que surja la oportunidad. Cristo, nuestro Señor, dijo: "Mientras sea de día, tenemos que llevar a cabo la obra del que me envió. Viene la noche cuando nadie puede trabajar." Juan 9:4 NVI. Cristo sabía que habría numerosos obstáculos y circunstancias que ocurrirían en nuestras vidas que interferirían con nuestro trabajo cristiano; y que tendríamos que tomar la oportunidad de hacer Su trabajo cuando la oportunidad se presente, para poder cumplir con Sus propósitos. Como Cristo es mi ejemplo, me esforzaré por trabajar para Cristo siempre que surja la oportunidad.

Día 22 MANDAMIENTOS

Como Cristo es mi ejemplo,

aprenderé los mandamientos de Dios para que me ayuden en mi vida diaria. Cristo, nuestro Señor, dijo: ".... Yo no he hablado por mi propia cuenta; el Padre que me envió me ordenó qué decir y cómo decirlo. Y sé muy bien que su mandato es vida eterna....". Juan 12:49-50a NVI.

Al estudiar lo que Cristo enseñó, uno aprenderá los caminos y mandamientos de Cristo que le darán dirección y ayuda para enfrentar los desafíos de la vida diaria. Como Cristo es mi ejemplo, aprenderé los mandamientos de Dios para que me ayuden en mi vida diaria.

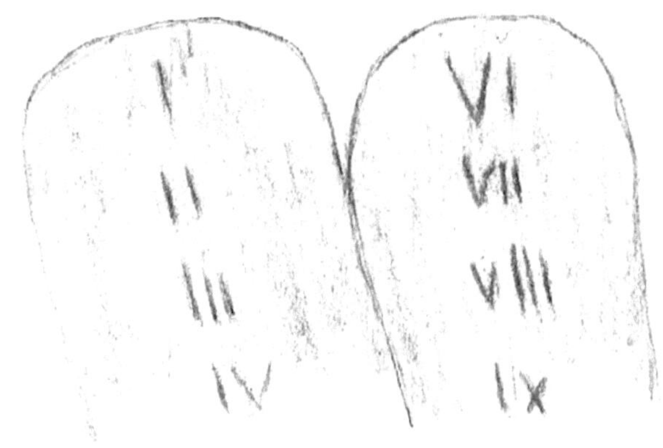

Día 23 AMISTAD

Como Cristo es mi ejemplo,

consideraré a Cristo como mi amigo. Cristo, nuestro Señor, dijo: "Ustedes son mis amigos si hacen lo que yo les mando. Ya no los llamo siervos, porque el siervo no está al tanto de lo que hace su amo; los he llamado amigos, porque todo lo que a mi Padre le oí decir se lo he dado a conocer a ustedes." Juan 15:14-15 NVI. Tener a Cristo como amigo es mi mayor alegría. Como Cristo es mi ejemplo, aceptaré a Cristo como mi amigo y seguiré lo que Él me ordene hacer.

Día 24 PECADO

Como Cristo es mi ejemplo,

me esforzaré por no pecar. El pecado ha sido definido como cualquier acción o pensamiento que va en contra de Dios, al no aceptar y hacer Su voluntad para nosotros, al ser ingratos por todo lo que Él ha hecho por nosotros, al no obedecer Sus mandamientos y al anteponer nosotros y nuestros deseos a Sus deseos para nosotros. Pecamos contra Dios en nuestras acciones hacia los demás. Cristo, nuestro Señor, dijo, "...Les aseguro que todo lo que hicieron por uno de mis hermanos, aun por el más pequeño, lo hicieron por mí...." Mateo 25:40b NVI. Sabemos por nuestro estudio de la vida de Cristo, que Cristo no pecó. En Mateo 5:48 NVI, Cristo dice,.... "Por tanto, sean perfectos como su Padre celestial es perfecto." Como Cristo es mi ejemplo, trataré por todos los medios de no pecar contra Dios ni contra los demás.

Día 25 MINISTERIO DE SANACIÓN

Como Cristo es mi ejemplo,

me esforzaré por servir a Dios ayudando a los enfermos mentales, físicos o espirituales. Cristo, nuestro Señor, estaba enseñando cuando "…. Y el poder del Señor estaba con él para sanar a los enfermos." Lucas 5:17 NVI. Sabemos estudiando Su vida, que Cristo sanó a cientos de personas, incluyendo aquellos con enfermedades mentales [demonios], problemas de la piel [lepra], problemas neurológicos [parálisis], la lista podría seguir y seguir. Mateo 4:23 NVI, dice que Cristo fue por toda Galilea "…. sanando toda enfermedad y dolencia entre la gente." Como Cristo es mi ejemplo, me esforzaré por ayudar a los enfermos en todo lo que pueda.

Día 26 PROCLAMAR LA BUENA NUEVA

Como Cristo es mi ejemplo,

ayudaré a proclamar las nuevas de Cristo en todo lo que pueda. Cristo, nuestro Señor, dijo: "Es preciso que anuncie también a los demás pueblos las buenas noticias del reino de Dios, porque para esto fui enviado." Lucas 4:43b NVI. El ministerio de Cristo consistió en enseñar y predicar usando instrucción directa, dando mandamientos y usando parábolas para llevar las buenas nuevas de Su amor redentor y poder salvador a aquellos a quienes predicaba y enseñaba. Como Cristo es mi ejemplo, ayudaré a proclamar las buenas nuevas de la enseñanza de Cristo de cualquier manera que pueda.

Día 27 FE

Como Cristo es mi ejemplo,

Tendré fe en Dios en mis actividades diarias. Cristo, nuestro Señor, dijo: "Les aseguro que, si tuvieran fe tan pequeña como una semilla de mostaza, podrían decirle a esta montaña: "Trasládate de aquí para allá" y se trasladaría. Para ustedes nada sería imposible." Mateo 17:20b NVI. Cristo, en Su ministerio de curación reforzó la necesidad de tener fe en Dios cuando dijo: "... tu fe te ha sanado". Lucas 18:42b NVI. La fe es básica para nuestra vida cristiana, ya que con fe, uno tiene ese sentido interno de creencia de que con la ayuda de Dios, nada será imposible. La fe en Dios es lo que nos sostiene a través de nuestras pruebas y tribulaciones. Como Cristo es mi ejemplo, tendré fe en Dios en mis actividades diarias.

Día 28 CONOCIMIENTO

Como Cristo es mi ejemplo,

me esforzaré por conocer a Dios lo más posible. Cristo, nuestro Señor, dijo: " Yo soy el camino, la verdad y la vida —contestó Jesús—. Nadie llega al Padre sino por mí. Si ustedes realmente me conocieran, conocerían también a mi Padre. Y ya desde este momento lo conocen y lo han visto." Juan 14:6b-7 NVI. Al estudiar la vida de Cristo aquí en la tierra, aprendemos sobre Dios y lo que Dios espera que hagamos con nuestras vidas, y cómo actuar y comportarnos con los demás. Cristo nos enseñó todo lo que necesitamos saber para vivir como cristianos, sirviéndole y glorificándole a través de nuestra vida diaria. Me esforzaré por conocer y acercarme a Dios estudiando la vida de su Hijo, Cristo, que es mi ejemplo.

Día 29 AGRADAR A DIOS

Como Cristo es mi ejemplo,

me esforzaré por agradar a Dios en todo lo que haga. Cristo, nuestro Señor, dijo: "....porque siempre hago lo que le agrada". Juan 8:29c NVI. Cristo nos enseñó a través de Sus ejemplos de amor, misericordia, fidelidad, perdón, compasión y sacrificio cómo ser agradables a Dios. A través del estudio de la vida de Cristo, podemos aprender continuamente lo que es agradable a Él y vivir nuestras vidas siguiendo Su ejemplo. Como Cristo es mi ejemplo, me esforzaré por vivir una vida que sea agradable a Dios.

Día 30 PONER A DIOS EN PRIMER LUGAR

Como Cristo es mi ejemplo,

pondré a Dios en primer lugar en mi vida. Cristo, nuestro Señor, dijo: "...Ama al Señor tu Dios con todo tu corazón, con toda tu alma y con toda tu mente. Este es el primero y el más importante de los mandamientos." Mateo 22:37a-38 NVI. Cristo sabía que vamos por la vida tratando de sobrevivir a nuestras circunstancias y problemas, cumpliendo metas y satisfaciendo necesidades a medida que avanzamos en la vida. Él sabía lo fácil que es poner nuestros deseos y necesidades en primer lugar, sin pensar en Dios o adorarlo u honrarlo a Él y a Su voluntad para nuestras vidas. Él nos instruyó a seguir este primer mandamiento, amando a Dios y poniéndolo a Él en primer lugar en nuestras vidas. Como Cristo es mi ejemplo, pondré a Dios en primer lugar en mi vida.

Día 31 SER POSITIVO

Como Cristo es mi ejemplo

seré positivo en mis actitudes y acciones hacia los demás. A lo largo de sus enseñanzas, Cristo orientó a sus seguidores de forma positiva y ascendente. En Mateo 28:19 NVI, Jesús dijo "Por tanto, vayan y hagan discípulos de todas las naciones...." y en el versículo 20, "enseñándoles a obedecer todo lo que les he mandado a ustedes. " En otras escrituras en los Evangelios, Cristo dijo, "servir," "amar," "creer;" todas acciones positivas que son progresivas en naturaleza. Como Cristo es mi ejemplo, seré positivo en mis actitudes y acciones hacia los demás.

GUÍA PARA LA ENSEÑANZA DE "COMO CRISTO ES MI EJEMPLO"

Los siguientes son ejemplos que proveerán guía en la enseñanza del libro "COMO CRISTO ES MI EJEMPLO". El maestro puede y debe desarrollar su propio formato e instrucción de los temas que se discuten, a medida que el maestro discierne lo que neccsita enseñar a los cstudiantes. La información provista a continuación ayudará a proveer guía en el proceso de desarrollar un plan de lección.

El libro proporciona información buena y sólida sobre Jesucristo, Hijo de Dios. Los alumnos estudiarán en profundidad quién es Jesús, su vida en la tierra y los ejemplos que nos dejó. En el proceso de este estudio, el alumno debe familiarizarse con los cuatro libros evangélicos que se encuentran en el Nuevo Testamento de la Biblia, Mateo, Marcos, Lucas y Juan, que relatan el nacimiento, la vida, la muerte y la resurrección de Jesús. Una vez completado el estudio, el alumno debería tener un conocimiento general de las enseñanzas de Jesús y, a través del estudio del libro, llegar a desarrollar una relación cercana y personal con Jesús.

El libro es relativamente fácil de enseñar. Aunque ha sido escrito como un libro devocional para leer y meditar diariamente, el libro puede ser utilizado en diferentes entornos de enseñanza de los estudiantes, incluyendo clases de escuela dominical, grupos de jóvenes, grupos de estudio bíblico, grupos de mujeres y grupos de hombres.

INSTRUCCIONES SOBRE CÓMO UTILIZAR EL LIBRO PARA ENSEÑAR A OTROS.

Elija de 2 a 3 temas similares para cada lección. Después de que un miembro del grupo lea uno de los temas, el líder del grupo dirigirá una discusión con el grupo sobre el tema. Haga una lista de 3 a 4 versículos de la Biblia que tengan una palabra o palabras similares que se relacionen con el tema. Pide a otros miembros del grupo que busquen el versículo bíblico y lo lean al grupo. Luego dirige al grupo en una discusión sobre los versículos bíblicos. Después de leer y discutir cada versículo bíblico, pasa al siguiente tema. Siga las instrucciones tal como están escritas arriba. Utilizando este formato, el estudio de la lección debe durar entre 45 minutos y una hora.

Un ejemplo de lección con un folleto para los miembros del grupo sería el siguiente:

Semana 1

Temas

Amor página 15

Versículos bíblicos: Juan, capítulo 15, versículos 9-12; 1ª Corintios, capítulo 13 versículos 1- 13; Colosenses, capítulo 3, versículos 12-15; 1ª Juan, capítulo 4, versículo 10-12.

Compasión

página 13

Versículos de la Biblia: Mateo, capítulo 9, versículos 35-36; Mateo, capítulo 15, versículo 32; Romanos, capítulo 9, versículo 14-16; Isaías, capítulo 49, versículo 13.

Servicio

página 5

Versículos de la Biblia: Isaías, capítulo 58, versículos 6-11; Mateo, capítulo 25, versículo 34-40; Santiago, capítulo 2, versículos 14-17; Juan, capítulo 13, versículo 15.

A continuación, se enumeran algunos ejemplos de temas similares que pueden utilizarse para las lecciones. Para encontrar versículos bíblicos relacionados con los temas, familiarícese con los Evangelios mencionados anteriormente y con otros libros bíblicos. Otra opción para encontrar y listar versículos bíblicos relacionados con el tema que se está enseñando, es ir a Internet y

listar la palabra del tema. Busque versículos bíblicos que contengan la palabra del tema o que estén relacionados con ella. Ejemplos de temas similares:

1. GLORIFICAR A DIOS 2. PONER A DIOS EN PRIMER LUGAR 3. ADORAR
1. SABIDURÍA 2. CONOCIMIENTO 3. LA PALABRA DE DIOS
1. NATURALEZA HUMANA 2. TENTACIÓN 3. PECADO
1. AMISTAD 2. MANSEDUMBRE 3. HUMILDAD
1. ORACIÓN 2. FE. 3. TOMAR MI CRUZ
1. MISERICORDIA 2. PERDÓN 3. PONER LA OTRA MEJILLA.
1. PERSECUCIÓN. 2. NATURALEZA HUMANA
1. TRABAJO. 2. MINISTERIO DE SANACIÓN. 3. PROCLAMAR LA BUENA NUEVA.
1. EL DESCANSO. 2. EL AMOR A LA NATURALEZA.
1. LA VOLUNTAD DE DIOS. 2. AGRADAR A LOS MANDAMIENTOS DE DIOS.

¡QUE DIOS BENDIGA SU ESTUDIO DE JESUCRISTO, NUESTRO SEÑOR Y SALVADOR!